José Antonio Rodríguez Benítez

EL SUEÑO
DE LOS DESPIERTOS

PREGÓN DE LA SEMANA SANTA
SEVILLA 2026

Fundación

FUNDACIÓN CAJASOL

Antonio Pulido Gutiérrez
Presidente

Gloria Ruiz Martín
Subdirectora de Actividades

Isabel Arteaga Jiménez
Subdirectora de Administración y Secretaría Técnica

Juan Francisco Álvarez Aquino
Subdirector Financiero y de Contabilidad

EDITA: Fundación Cajasol

EDICIÓN AL CUIDADO DE
Juan Diego Bazán Gallego. pedrobco@gmail.com

PORTADA
Pintura de Rafa Torres basada en el proyecto cerámico del nuevo camarín de Nuestra Señora de la Esperanza diseñado por Jesús Alcarazo
Rotulación: Jesús Zurita
Fotografía: Daniel Salvador Almeida

ILUSTRACIONES INTERIORES
Ricardo Gil

© de la edición, Fundación Cajasol

© del texto, José Antonio Rodríguez Benítez

ISBN: 978-84-8455-470-7

Depósito legal: SE-967-2026

Imprime: Pinelo. Artes Gráficas

Impreso en Sevilla - *Printed in Seville*

Los beneficios de este libro del Pregón de la Semana Santa de 2026 irán destinados al Centro de Apoyo Infantil Esperanza de Triana.

A mis sobrinos
Ana Eugenia y Rafita,
que son mi futuro.

A Olga.

ESPERANZA, TRADICIÓN E INNOVACIÓN

Que José Antonio Rodríguez Benítez, reconocido periodista y costalero del cristo de la Esperanza de Triana, haya sido este año elegido pregonero de la Semana Santa de Sevilla no es un gesto simbólico: ha sido el reconocimiento último a una larga trayectoria que ha sabido escuchar, observar y contar la ciudad desde sus latidos más íntimos. Su voz, acostumbrada a narrar la Semana Santa desde la calle y los micrófonos, se elevó el domingo 22 de marzo desde el atril del Teatro de la Maestranza de Sevilla como síntesis de una vida profesional dedicada a comprender y a transmitir el alma cofrade.

José Antonio Rodríguez ha llegado al pregón consolidado como una de las voces más reconocibles y respetadas del periodismo cofrade en Sevilla. Su labor informativa ha combinado siempre rigor, sensibilidad narrativa y una profunda comprensión del pulso social y devocional de la ciudad. No solo conoce la Semana Santa: la interpreta, la contextualiza y la hace comprensible para públicos muy distintos, manteniendo siempre un equilibrio entre tradición y mirada contemporánea.

Su trabajo en radio, prensa y televisión ha contribuido a elevar el nivel del periodismo cofrade, alejándolo del mero comentario y acercándolo a un análisis cultural y social más amplio.

Y en esta línea se ha mantenido: ya anunció que quería pregonar la Semana Santa de Sevilla de una manera diferente. Y este discurso que tenemos el honor de editar, un año más, demuestra que lo ha conseguido con gran éxito.

Un pregón fresco e innovador que, además de incorporar elementos clásicos y un conocimiento profundo de la cultura cofrade, ha destacado por los mismos puntos fuertes que definen a José Antonio Rodríguez Benítez.

El resultado es una brillante crónica personal con momentos poéticos que repasa, por ejemplo, la actualidad cofrade del último año, empezando por la misión al Polígono Sur de la Esperanza de Triana, su cofradía de cabecera, en el mismo momento que fue designado pregonero en octubre de 2025. "Cosas de la Virgen", según sus palabras. Un discurso ágil que denota sus tablas en el oficio de la palabra y que está inspirado, de principio a fin y hasta en la banda sonora, por su fe en esta imagen emblemática y en el cristo de la Tres Caídas que la acompaña, a quien confiesa que se encomendó para superar la grave enfermedad que padeció hace unos años.

Un testimonio de esperanza, en el sentido aristotélico y religioso del término, dirigido a la juventud en el que habla de redes sociales y de los nuevos lenguajes que nos ayudan a acercarnos a Dios. Un pregón que, como todo buen reportaje periodístico, logra mantener la atención del público desde un arranque rotundamente cinematográfico: la declaración lírica de amor de Cristobal Colón a la Esperanza de Triana en la penumbra de la Catedral.

Tras este asombroso golpe de efecto, Rodríguez ensalza la labor terapéutica, solidaria e integradora de las hermandades, defiende al sector del arte sacro o salta fuera de los límites tradicionales para reivindicar a las hermandades de los barrios obreros, de los pueblos de Sevilla y del conjunto de "la madre Andalucía", citando la grandeza de la Semana Santa provincia a provincia.

En el Teatro de la Maestranza, en el tradicional acto que anuncia que ya vienen los días de la Semana Grande de la ciudad, Rodríguez Benítez conmovió con su humildad, con la erudición que no está reñida con su juventud y con su compromiso con la fe de los "excesos" que le enseñaron en Triana. Pueden comprobarlo ustedes mismos en esta publicación que la Fundación Cajasol entrega a la ciudad como historia viva de su Semana Santa.

Antonio Pulido Gutiérrez
Presidente de la Fundación Cajasol

LUNA DE PARASCEVE

La luna de Parasceve ilumina brillantemente la gran noche de Sevilla: la Madrugada, la noche única en la que desde la otra orilla del Guadalquivir se nos adentra en la ciudad la imagen dulce, paciente y plena de mansedumbre del Cristo de las Tres Caídas, que camina hacia el Gólgota abrumado por el peso del madero bajo el que cae, a pesar de la ayuda del bueno de Simón de Cirene. Un dulce Jesús que en sus padecimientos nos muestra el infinito amor de Dios hacia todas las criaturas por quienes entrega la vida; al tiempo que nos conduce a una Esperanza, radiante, áncora de salvación, que nos espera para acogernos en su Inmaculado Corazón.

Es el Misterio de la Pascua de Jesús de Nazaret el eje central de este libro que tienes —amable lector— entre tus manos, concebido como Pregón de la Semana Santa de Sevilla, fruto de la fecunda creatividad de su autor, el periodista y cofrade José Antonio Rodríguez Benítez.

Nada descubro al afirmar que José Antonio Rodríguez es una de las firmas más prestigiosas de la Prensa actual. Licenciado en Periodismo, se acaba de incorporar a la redacción de los informativos de Canal Sur TV. A ello hay que sumar su condición de cofrade, pues pertenece a las Hermandades de la Esperanza de Triana —donde es miembro de la cuadrilla de costaleros del paso del Santísimo Cristo de las Tres Caídas—, Dulce Nombre, Estrella y Pastora de la Real Parroquia de la Señora Santa Ana.

Como Presidente del Consejo General de HH. y CC. expreso mi más sentida gratitud a la Fundación Cajasol y a su Presidente, D. Antonio Pulido Gutiérrez, por impulsar un año más la edición del Pregón de Semana Santa, un texto que no está destinado a ocupar un lugar en el anaquel de nuestra particular biblioteca, sino a tomarlo, una y otra vez, para deleitarnos con los pasajes que han tocado las fibras más sensibles de nuestro corazón y para evocar esa Semana Santa que anhelamos, con la que soñamos y que se hace realidad ante la contemplación de la primera Cruz de Guía.

FRANCISCO VÉLEZ DE LUNA
Presidente del Consejo General de HH. y CC.
de la Ciudad de Sevilla

"LA ESPERANZA ES EL SUEÑO DE LOS DESPIERTOS"

Esta expresión, de uno de los más grandes filósofos de la historia de la humanidad, nos hace reflexionar sobre nuestra misión de crear un futuro mejor. Este aforismo promulga que el verdadero soñador no es quien se evade de la realidad, sino aquel que se empeña en trazar planes para una realidad que aún no existe. La esperanza es el motor que nos impulsa, que genera cambios, que nos motiva a seguir adelante. La confianza de que podemos conseguir nuestros propósitos, la que nos impulsa a la acción. De ahí la necesidad de estar despiertos y bien atentos para afrontar la esperanza como certeza de un futuro cercano, que se puede concretar y realizar, que requiere capacidad y esfuerzo diario para lograr metas y anhelos, para alcanzar nuestros propios sueños.

Nosotros tenemos un sueño: ¡Sevilla! La ciudad que nos une y de la que estamos enamorados. Su belleza, junto a su historia, arte y tradición, la hace ser un sueño eterno; la ciudad más bonita del mundo. La luz del atardecer muriendo en el viejo arrabal sobre el puente, el aroma de las calles con la pureza hecha flor en sus naranjos, el paseo cuaresmal por callejas encontradas de año en año, el reencuentro de la primavera con la brisa de la tarde, hacen de estos días anhelados la confirmación de que Sevilla no es una visión o una quimera, sino un sueño real del que disfrutamos despiertos. Y a la vez que experimentamos y revivimos en estos días, nuestros sentimientos más íntimos y profundos de nuestro ser sevillano, tenemos el deber de concienciarnos en su cuidado, con la determinación y el propósito de construir un mañana mejor.

En este compromiso con Sevilla en el que todos estamos inmersos, cada uno tiene una labor que realizar. Asociaciones, fundaciones, instituciones económicas, culturales y sociales, grupos profesionales, parroquias, hermandades y un sinfín de entidades que mantienen a Sevilla viva, son las que junto a las administraciones públicas prestan un diligente servicio encaminado al bienestar común. Y entre todos, aunando esfuerzos, vamos construyendo nuestro sueño, mostrándolo al mundo para asombro de propios y extraños.

Para ser universal hay que ser auténtico, fiel a uno mismo, honesto con tus valores y con tus raíces, sin pretensiones, con tu propia identidad, con verdad. No existe en el mundo una ciudad más genuina y auténtica, y a su vez más universal que Sevilla —"nadie puede inventarse una ciudad como Sevilla", decía Pérez Reverte—, y este año ha sido una buena prueba de ello.

El pasado mes de mayo aconteció uno de los mayores hitos en la historia de las Cofradías de Sevilla, cuando El Cachorro, cuyo último aliento es tan eterno como la ciudad que lo acogió, abrió los brazos para expirar allí donde tantos cristianos murieron por seguirlo. De Triana a Roma, de la Basílica del Patrocinio a la Basílica de San Pedro, ¡de Sevilla, al mundo! Y siguiendo el año, una muestra de nuestro arte más universal viajó hasta Bruselas, al mismo Parlamento Europeo, en una apuesta del Ayuntamiento de Sevilla por promocionar y defender la excelencia y la identidad del arte sacro sevillano. Sevilla en el corazón de la Iglesia Católica y Sevilla en el corazón de Europa, un sueño conseguido con el esfuerzo de todos.

Y si hablamos de soñar despiertos y de misión, hay que hablar de esperanza, de La Esperanza. El mes de octubre fue un regalo para Sevilla. La Virgen, La Esperanza, la mejor de las nacías, el orgullo de nuestra raza, fue a donde nadie va, donde se encuentra ese exilio trianero. Su presencia dio visibilidad a realidades que no queremos ver, devolviendo dignidad y el convencimiento que todos los sevillanos somos igual de importantes. ¡Cuánta gloria nos ha dado la Esperanza! Tanta, que nos ha dado hasta a nuestro pregonero.

Para un cristiano no existe la casualidad, solo la Providencia. El primer día de la Misión, a tan solo pocas horas de que saliera en busca de sus hijos, la Virgen encontró a su pregonero; y el pregonero, como buen hijo, fue en busca de su Madre, que a todas luces lo estaba llamando con un nombramiento sin igual, para que pregonara su Esperanza como ha hecho desde siempre.

La tarde de un Domingo de Ramos de hace ya algunos años, se encontraba una niña con una grave enfermedad en una habitación del hospital Virgen del Rocío. Su padre le hacía compañía en aquella habitación viendo por la televisión el inicio de las retransmisiones de esa tarde luminosa y única, que iba a ser ese año muy diferente. Al inicio de la retransmisión, un periodista joven, tan joven que el padre de la niña no había oído hablar de él, dedicó su retransmisión a los enfermos que desde los hospitales seguían su retransmisión, y en especial a los niños enfermos cofrades y a sus familias, que vivirían a través suya un Domingo de Ramos diferente. Le transmitió tanta fuerza a ese padre que le escribió al periodista por mensaje privado de una red social, presentándose y dándole las gracias por saber transmitirle lo que en aquel momento le hacía falta. Aquel periodista es hoy nuestro pregonero y aquel padre, quien les habla. La Virgen ha querido, José Antonio, que hoy tenga que presentarte, no sin antes darte de nuevo las gracias por lo que hiciste aquella tarde de Domingo de Ramos ya inolvidable para mí.

José Antonio Rodríguez Benítez, nuestro pregonero, es aquel niño que todos conocimos, hace más de 20 años, cuando se convirtió en uno de los rostros del programa "Semana Santa de Sevilla" junto a nuestros queridos Paco Robles y Víctor García Rayo. Nacido en el barrio de San Julián, su infancia y su vida transcurren en Gines, entre verdes olivares, tardes jugando al toro o tocando el tambor detrás de un pasito de cruz de mayo. Hijo del gran Rafael Torres, del que ha heredado el amor por el campo y el toro bravo, y de Concepción Benítez, la trianera de la familia, la que supo transmitir a su hijo, junto a su abuela Conchita, el amor por su barrio y su profunda y arraigada devoción a la Señá Santana.

Periodista de profesión, ha desarrollado una enorme labor dentro del periodismo de investigación, siempre interesado en las leyendas, la divulgación de episodios históricos y artísticos, los tesoros de los pueblos... La radio y la televisión fueron sus espacios habituales de trabajo, colaborando también con el diario *ABC*. En los últimos tiempos, ha centrado su actividad profesional en la comunicación institucional en el Ayuntamiento de Sevilla, primero, y en los últimos años en la Presidencia de la Junta de Andalucía. Después de casi una década en la comunicación institucional, hace unas semanas ha vuelto a su origen, reincorporándose a los servicios informativos de Canal Sur Televisión. Su casa. A la que lleva vinculado casi 20 años, donde es más reconocible y donde ha puesto su talento en programas como *Andalucía Directo*, *El Llamador* o en la producción documental. Allí es donde sevillanos y andaluces lo ubicamos.

Hermano de la Esperanza de Triana desde una mañana de Reyes donde sus Majestades le dejaron el mejor de los regalos: la solicitud para hacerse hermano. Qué bien saben los Reyes los regalos que necesitamos.

Devoto del Señor de las Tres Caídas desde una noche del 92 cuando regresaba a Triana tras el Santo Entierro Magno que celebraba los 500 años del descubrimiento de América, aunque el descubrimiento de esa noche no se refería a ningún continente, sino al sentimiento de nuestro pregonero por el vecino más antiguo de la Calle Pureza

El Cristo de las Tres Caídas es la piedra de toque de nuestro pregonero. Su paño de lágrimas. El que levanta cada madrugada como costalero y del que aprendió a llevar la cruz que la vida le cargó. El Cristo de la persiana al que rezaba sentado en el bordillo de Rodrigo de Triana mientras Manzano cuidaba de él. Allí entendió aquello que nos enseñaban en clase de religión en el colegio: La Fe es creer sin ver. No necesitaba verlo para saber que estaba con él. La Esperanza, su contrapunto. La locura de la belleza, del exceso y de la personalidad. Dice el pregonero que necesita vivir rodeado de belleza y allí encontró el lugar perfecto.

Es hermano también del Dulce Nombre, donde se integró en el equipo de priostía, fue acólito, dirigió su Boletín; de La Estrella, por la relación que su tío abuelo, el poeta Ramón Jiménez Tenor, tuvo con la Hermandad, y de la Pastora de Triana.

No es la primera vez que toca la madera del atril. Se estrenó en el año 2001 con el Pregón de la Semana Santa de su Colegio Marcelo Spínola en Umbrete, para pronunciar posteriormente el de la Juventud de Triana (2002), el de la Esperanza de Triana (2003), el Pregón de las Glorias de Sevilla (2007), el Sabat Mater del Cachorro (2008) o el de la Velá de Santa Ana (2017).

"El Sueño de los Despiertos" fue la primera película monográfica de una Hermandad, y José Antonio la dirigió para celebrar los actos conjuntos del IV Centenario de la Hermandad del Cristo de las Tres Caídas y el 25 Aniversario de la Coronación Pontificia de la Esperanza de Triana.

Por eso José Antonio es un hombre marcado por la Esperanza y marcado por la Misión. Su pregón es hoy una Misión, la de anunciarnos a todos eso que ya sentimos, que ya palpamos, que ya vivimos y soñamos. Y también el sueño de quien nunca se ha quedado dormido en la ciudad, de quien siempre ha estado despierto para inventar, para crecer y para crear belleza.

Cuéntanos, José Antonio, la emoción de ver en la calle los pasos que tallaron las manos de tu abuelo. Háblanos de tu Fe, esa que te ha mantenido firme en los momentos de dificultad. Háblanos de esa Misión de Esperanza que ha guiado tu nombramiento y debe guiar nuestra vida. Ayúdanos, con tu palabra, a ver a Dios cuando pase delante de nosotros en una semana.

Querido José Antonio: que las lágrimas que derramaste tantas madrugadas en la intimidad del sagrario, a solas con el Señor, sean hoy el agua fresca que aclare tu voz para anunciarnos el sueño que Sevilla está esperando.

Levántate. Agarra fuerte el vaso de plata de tu padre, el gran Rafael Torres, ese que sabe de la emoción, del miedo y del triunfo inenarrable de tantas tardes de toros, y brinda hoy con él por Sevilla, por sus cofradías y por nuestra Semana Santa.

Pregonero, tuya es la palabra.

MANUEL ALÉS DEL PUEYO
Tte. Alcalde Delegado de Fiestas Mayores
del Ayuntamiento de Sevilla

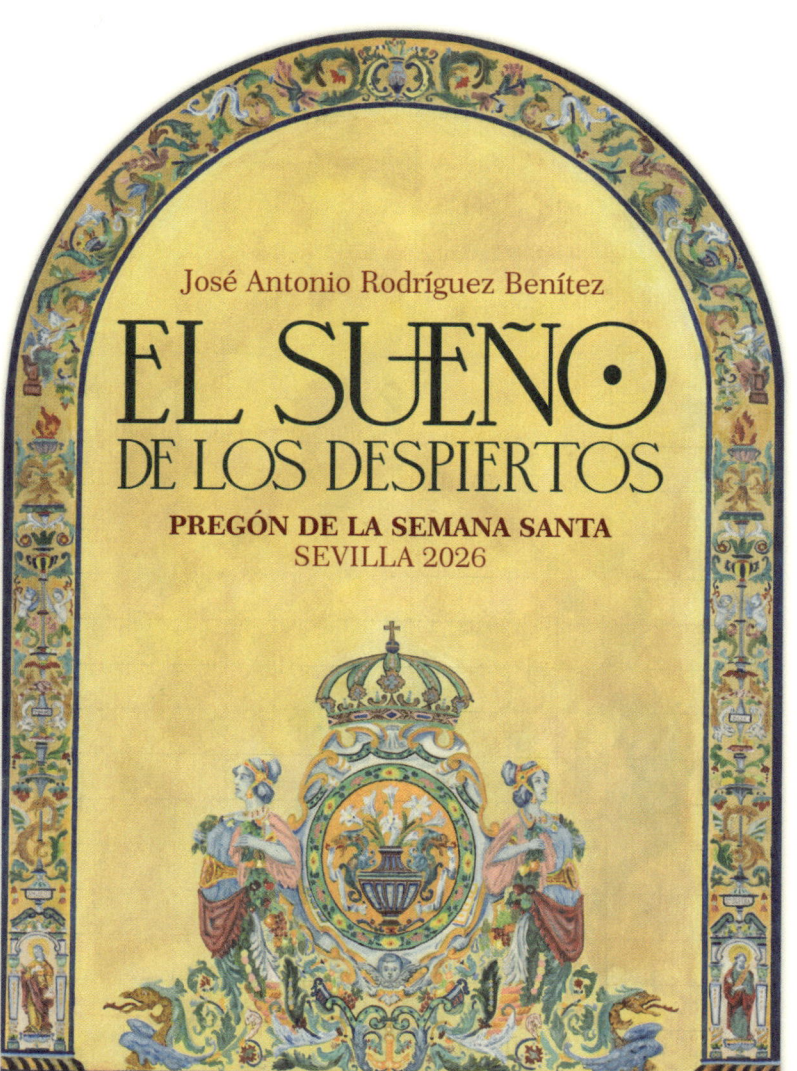

José Antonio Rodríguez Benítez

EL SUEÑO
DE LOS DESPIERTOS

PREGÓN DE LA SEMANA SANTA
SEVILLA 2026

La esperanza es el sueño
del hombre despierto
Aristóteles (384-322 a. C.)

EL ALMIRANTE Y LA CAPITANA

S olos en la Catedral,
son las tres de la mañana.
Las naves están a oscuras,
por las vidrieras traspasa
la tenue luz de la luna.
Está la noche atrapada
entre sombras y esculturas.
La luz se mira en la plata.

Todo el coro está en penumbra,
las partituras guardadas,
el silencio de las tumbas
de Reyes que ya descansan.

Acaban de dar las tres
en el reloj la campana.

El féretro de Colón
—que cuatro heraldos levantan
por los reinos de Aragón,
León, Castilla y Navarra—
tiene delante esta noche
el paso de la Esperanza.

Ella viene de surcar
las más pobres barriadas,
inundar media ciudad
de piropos y plegarias,
desbordarse en cada calle,
repartir por cada plaza
el misterio de su nombre,
la más hermosa palabra...

Acaban de dar las tres,
mañana regresa a casa
con su Misión ya cumplida.
Reposa mi Capitana
delante del Almirante.
Colón resucita y le habla:

"Mira que han visto mis ojos
las más gloriosas hazañas,
que yo descubrí un imperio,
que rehíce cada mapa
y me encontré un mundo nuevo
donde morían las aguas.

Después de verte, Señora,
todo se queda en la nada.

Mira que han visto mis ojos
paraísos y montañas,
puestas de sol encendidas,
tierras de miel y guayabas,
que exploré los territorios
desde Cuba hasta Jamaica
y es así como empezó
a extenderse tu palabra,
la fe de tu religión
por toda la tierra Hispana.

Después de verte, Señora,
todo se queda en la nada.

Porque has evangelizado
entrando en todas las casas.
Por tí, vestidos de fiesta
los balcones y ventanas...
De la Oliva a las Tres Mil
hay un Puente de Triana
que une la calle Pureza
a toa la raza gitana.

Después de verte, Señora,
todo se queda en la nada.

Mira que he desafiado
a vándalos y piratas,
que presumí de valiente
y que pequé de arrogancia...
Pero te he visto alumbrar
la puerta de un hospital
con tu faro de Esperanza.
Y, entonces, vi que había santos
vestidos de bata blanca
y niños que encarnan héroes
aunque vayan en pijama.

A solas la Catedral,
son las tres de la mañana
y, ahora, entiendo, ya, por qué
todo el mundo lo proclama:

Tú eres rosa de los vientos
que soplan en lontananza,
la brújula del Adviento,
faro que nunca se apaga,
luz de El Cano y Magallanes
galeones y fragatas.

Señora de mareantes,
eres tú la Atarazana
que protege a las galeras

de la Corona de España
porque hasta tienes capilla
en un buque de la Armada.

Después de verte, Señora,
todo se queda en la nada.

Que me condenen si miento
mas no lo supe hasta ahora...
pero tú has sido, Señora,
mi mayor descubrimiento.
Lo digo como lo siento
que en ti no hallo semejanza,
mano que todo lo alcanza
porque no tienes frontera
por eso eres Misionera
y en Triana, la Esperanza".

UNA CARTA DE AMOR A SEVILLA

A veces pienso que esto ha llegado demasiado pronto porque tengo, si el Señor lo quiere, más de media vida sin escribir pero hay algo que me dice: "Este era el momento". Primero, porque este nombramiento parece nacido de la voluntad de la Esperanza. Y segundo, porque hoy puedo gozar de la presencia de mis padres en el Teatro. Por cuestiones naturales, no todos los pregoneros han tenido esa suerte. Por eso, como dijo el poeta Manuel Alcántara, "no se puede aplazar nada. Todo es ahora o nunca".

Así que, querido Paco Vélez y Junta Superior del Consejo; gracias por pensar en mí.

Gracias, Manolo, por tus palabras. Nos une una de esas hermosas historias que hace posible la televisión cuando acerca la Semana Santa a las eternas horas de una habitación de hospital. Eso se queda en el corazón para siempre.

Y gracias, Sevilla. Me abruma tanto cariño, tantas esperanzas puestas en esta hora y media que vamos a bailar juntos, como dos enamorados.

Porque, verán:

El Pregón es una carta de amor a la ciudad, a sus cofradías. Es una evocación a la infancia, a la primera vez de tantas cosas. A la mano temblorosa de una abuela descubriéndote la verdad de la vida. Ella se llamaba Conchita. Vivió en un corral de vecinos detrás de la calle Pureza, cerca de la mirada tierna de la Pastora y con Señora Santa Ana como pilar de nuestras vidas.

Allí empieza mi historia pero cada cofrade es depositario de la suya. Cada uno llevamos nuestro Pregón dentro sin necesidad de haberlo escrito. Basta con dejarse llevar por una ciudad que ha mudado su piel con la Cuaresma, que se está desperezando en azahar y que ya ha recibido a los primeros vencejos que regresan todas las primaveras.

Hoy, en San Juan de la Palma, verás que hay silencios que hablan. Que Dios calla pero no otorga. A estas horas la ciudad es como una granada a punto de reventar.

No creas, Sevilla, que no siento ese vértigo sofocante que me acelera el pulso cuando pienso en todo lo que ya te han dicho; en la de pretendientes que te han rondando; en la de pintores que te han sacado los colores o en los poetas que han rimado tu nombre en sus versos.

Pienso en este pobre periodista que, ahora, está delante de ti, empequeñecido, diminuto en tu grandeza y que viene a hablarte de cosas nuevas. Cuando a ti ya te lo han dicho todo, vengo yo, ahora, a pronunciarte el discurso de mi vida. El "te quiero" más prolongado que jamás ha salido de mis labios.

> Yo sé que te han pretendido
> Bécquer, Cernuda y Laffón.

Y García Lorca y Alberti
y de Moguer, Juan Ramón
vino a lomos de Platero...
que el Domingo irá el Señor
con él bajando, entre palmas,
la rampa del Salvador.

Yo sé que te han escrito
los Machado, Villalón,
Núñez de Herrera, Aquilino;
que robaste el corazón
de Juan Sierra y Montesinos,
Aleixandre y, ahora, yo...
aquí me tienes delante...
¿Por dónde empiezo el Pregón?

Si yo, solo, soy la sombra
al lado de tanto sol.
Después de Caro Romero,
después de Rubio y Buzón,
de llevarnos a la Gloria
Herrera con su Pregón.
Después de las sevillanas
que cantaba un trovador
a la vera del Postigo...
¿Qué te voy a escribir yo?

Yo sé que te han conquistado
el duende de Camarón,
Lola Flores y Bambino,
Silvio con el rock and roll.
Por ti han pasado canciones
y mil historias de amor:
Las de Manolo Garrido
—"Sevillanas del adiós"—,
Rafa Serna, "Siempre Así",
el Lombo, piano y voz,
Manuel Cuevas, por saetas,
cantando desde un balcón,
la Tuna de Magisterio
con su beca y su pendón
en la Plaza Santa Marta...
¿Cómo te conquisto yo
si he visto a Manuel Carrasco
llenando, él solo, un estadio
pa cantarte una canción?

Yo sé que en tu pentagrama
hay más de un compositor:
Albéniz, Falla y Turina,
y está la familia Font,
"Madrugá" de Abel Moreno,
de Farfán a Marvizón;
Julio Vera y su corneta,
Hidalgo con su tambor.

Si lo has escuchado todo,
¿qué te voy a contar yo?

Yo sé que has sido la musa,
la fuente de inspiración
que le enseñaste a Murillo
el lenguaje del color.
Por eso te pintó el cielo
de celeste Concepción
y en los muros del Museo
no quedó un solo pintor
sin retratarte Sevilla...
¿qué pincel, cojo ahora yo?

Quisieran tener tu luz
los paisajes del Japón.
Ser la mitad de tu historia
la ciudad de Nueva York.
Que no te hizo falta Spielberg
teniendo aquí a Juan Lebrón;
ni un Goya de la Academia
porque ya el mejor guión
sobre el fondo de "Amarguras"
lo escribió Carlos Colón.

Sevilla, tan alabada
el Domingo de Pasión.
Solo te falta, Sevilla...
si algo, solo, te faltó

fue el pregón de los pregones
que nunca nadie escuchó
y dejó Pascual González
escrito en su corazón.

Dejo mis torpes palabras
en las manos del Señor...
que si Él pudo con la cruz
con Jesús me muero yo.
Y tómate esto, Sevilla,
como una carta de amor
entre esos enamorados
que se pasean los dos
por el puente de la vida.

Esto va, por ti, Sevilla,
¡arriba el Hijo de Dios!

LA INFANCIA Y LA VÍSPERA

La Semana Santa es nuestro primer amor de la infancia. Pocas cosas comenzamos a querer tan de repente. Los primeros besos al aire son para nuestras imágenes. Nuestros primeros piropos son un "guapa" que tiene soniquete de guardería, de carcajada en el patio...

Hay un ventanal en la Plaza del Museo al que se asoman, cada año, sus pequeños monaguillos antes de que salga la cofradía. Con esa cara de asombro vemos pasar el tiempo y, antes de que nos demos cuenta, lo vivido formará parte del territorio de la nostalgia. De la infancia será eso, la nostalgia, lo único que nos quede.

Cuando murió Antonio Machado en un pequeño pueblo de la frontera francesa, le encontraron en el bolsillo de su chaqueta un papel arrugado con sus últimos versos donde decía: "Estos días azules y este sol de la infancia". Si algo recordaba Machado en el ocaso de sus días era la luz de esta ciudad, el sol de su niñez.

Mi infancia son recuerdos de sedientos campos de olivares, de haciendas y alquerías del Aljarafe.

Un pueblo que, todas las primaveras, se enfunda su traje de luz y le va cantando a la espiga, a la encina y a los lirios peregrinos que como Gines no hay una...

Ese pueblo tiene mi nostalgia apuntalada en una ermita, pálida por la cal, levantada en honor a Santa Rosalía... Un Cristo de la Vera Cruz y la Virgen de los Dolores, sagrario de mis primeras oraciones de pantalón corto.

Mañanas de domingo, de Cola Cao y pan frito, misa de 12 con don Juan, un cura de Olivares que ya está a punto de cumplir los cien. Tardes de sol y sombra jugando al toro o tocando el tambor detrás de un pasito de Cruz de Mayo. Cintas de casete de Arahal, de Soria Nueve...

La infancia es, a nuestras vidas, lo que la Cuaresma a la Semana Santa.

Le quedan horas a esta Cuaresma de luz que el Cristo de la Buena Muerte nos trajo desde San Julián. En, apenas, unos días en el coro de la Anunciación sonarán las coplas de Gómez Zarzuela para la Virgen del Valle y, a las doce en punto de la noche, como cada año, la dolorosa volverá de su cielo de cera y tiniebla para proclamar que, ahora sí, tenemos la Semana Santa en nuestras manos.

A esas horas del Viernes de Dolores, el Cristo de la Corona ya habrá atravesado el Patio de los Naranjos para enmarcar su figura en el arco de herradura de la Puerta del Perdón. Pasión y Muerte habrá llegado a la ojiva mudéjar de Santa Ana o La Misión ya habrá atravesado su túnel de naranjos en Heliópolis.

Las Vísperas nos adelantan el gozo y apuntillan la espera.

Pertenezco a esa generación que creció viendo el Viernes de Dolores a la Hermandad del Carmen, adolescente cofradía marinera que se doctoró el Miércoles Santo. Que contó en televisión la llegada del Sol. Soy de los que iban a la Cruz del Campo para ver a San Pablo reverdecer aquel templete donde la historia de la Semana Santa empezó a escribirse. A Ella, a la Virgen del Rosario, la conocí antes que la mayoría de sus hermanos. Yo era vecino de Luis Álvarez Duarte, en Gines, y entré en su casa con bastante frecuencia.

—Luis, ¿y esta Virgen?, preguntó el periodista Antonio Cattoni, que estaba haciendo un reportaje para "El Llamador", y divisó la dolorosa al fondo del taller. Luis balbuceó… esquivamente:

—"Esto, esto… es para un pueblo de…".

Piadosa mentira. En aquel taller se estaba cociendo, como la albahaca, el color verde de sus ojos y, sin saberlo, aquellos periodistas que solíamos visitar a Luis estábamos siendo testigos de la historia.

La Víspera es un estado constante de esperanza con la que se despierta cada día esa Sevilla de azoteas altas de Pino Montano o Alcosa. La que nos han enseñado la excelencia y el poder de las imágenes de Navarro Arteaga en la Milagrosa o de Fernando Aguado en San José Obrero.

Las vísperas ponen a Dios en el centro de sus barrios. Sus hermandades nos han aportado nuevas visiones, nuevos ángulos en los que reconocer nuestra Semana Santa.

Regalándonos fotografías que parecían imposibles como cuando Padre Pío cruza un puente de la SE30 o en las Tres Mil Viviendas vemos filas de nazarenos.

O en Torreblanca. Si no fuera porque allí hay una Hermandad, ¿cuántos sevillanos habrían pisado sus calles? Ellos son mucho más que una foto con la ropa tendida en la Plaza del Platanero. Su grandeza no está en el paisaje; no se queden en la postal. Levanten los faldones, miren qué hay debajo de la piel de la cofradía, entren en las casas de sus vecinos… y empezarán a entender por qué en esos lugares son tan necesarias. Merecen todo nuestro afecto.

Porque hubo un tiempo que la Iglesia construyó templos con puertas pequeñas. No fuera a ser que a alguien se le ocurriera sacar de allí un paso. Qué error tan grande. Porque las cofradías no son el enemigo sino el aliado más fuerte que tiene la Iglesia de Sevilla. Que nos entre en la cabeza. Que para las cosas del pueblo no hay puerta pequeña.

> Hay una Semana Santa
> que tiene sabor a pueblo.
> Cuando todo Padre Pío
> toma las calles del Cerro,
> atravesando casitas
> con sus vecinos pertrechos,
> con las sillitas de enea
> y los zaguanes abiertos.
>
> Hay una Semana Santa
> que nos devuelve a lo auténtico.
> Ve a buscarla a Padre Pío
> cuando viene de regreso
> por la Puebla de Cazalla
> —qué es su calle, pa entendernos—.

PREGÓN DE LA SEMANA SANTA

Hay cofradías que salen
con el olor del puchero
por aquellos arrabales
que son los barrios obreros.

Hay una Semana Santa
que tiene propio el acento.

Cuando vas a Bellavista
te vas dando cuenta de eso.
La Virgen del Dulce Nombre,
ahijada de San Lorenzo,
mocita niña de barrio
a punto del casamiento.

La enjoyaron las vecinas
por eso brilla su pecho.
Que en las cosas del querer
ellos han sido maestros
y explican, así, el amor
que cada joya es un beso.

Antes de que empiece todo
ya habrás visto nazarenos
con la ilusión en los ojos;
canastos con caramelos,
monaguillos que andan solos.

JOSÉ ANTONIO RODRÍGUEZ BENÍTEZ

Detrás de cada cortejo
vendiendo el tío de los globos;
las colchas en los balcones
que está el balcón pa una foto,
costaleros tatuados
desde el talón hasta el hombro,
madres con los bocadillos
escondidos en el bolso
pa el pequeño nazareno
que se estrena y está ansioso.

Hoy la vida nos enseña
su lado más poderoso:
Sois los barrios, ¡bienvenidos!
no hay Sevilla sin vosotros.

LOS COLORES DE LA SEMANA SANTA

La Semana Santa es una vuelta al origen tan emocionante como el regreso de los Javieres a los Jesuitas. Como los que soñaron hace un siglo rendir culto al Señor de la Ventana de San Esteban.

Volvamos al origen. Si el Génesis dice que lo primero fue la luz... los colores tuvieron que estar desde el principio.

Y llegaron para quedarse porque Sevilla se hizo con la materia prima de luz. La ciudad a la que Murillo le reveló la receta del color de su cielo. En la que balbucearon las primeras pinceladas de Velázquez. La Sevilla en la que García Ramos le cogió la medida a sus fiestas. Que enamoró a Sorolla, a Antonio López... Todo el que se ha asomado a esta ciudad ha ido posando los colores de su paleta sobre ella, derramándolos sobre nuestra Semana Santa. ¿Qué sería de nuestra fiesta sin el color? Si aquí pintamos de colores hasta el cortejo de la Vera Cruz.

> ¿Te has fijado en los colores
> que hay en la Semana Santa?
>
> Verde que te quiero verde,
> verde como la Esperanza,
> verdes pétalos del Gallo
> soñando con esmeraldas.
> Verde como los jardines
> que cruza la Candelaria,

que se funden con el palio
los árboles del Alcázar.

Verde que te quiero verde
como el color de las ramas.
Ora Cristo en Montesión
y le tienden una trampa
y entre verdes olivares
treinta monedas de plata
a la vera de Santiago
es el precio de la farsa.

Verde que te quiero verde,
verdes olivas romanas
cimbrean en la calle Orfila
—panadera y almazara—.

Y verde, el de las pupilas
de la flor más sevillana
que son los ojos del Valle
donde la luz se desmaya
para pintarlos de verde
pero con brillo de faca.

¿Has visto que los colores
compiten por relucir?
De blanco la ves venir;
es el blanco de la Paz
que pinta en el Porvenir
el color del antifaz.

Mantel de la eucaristía
blancos hilos para el pan,
moneda que compra el cielo,
harina de otro costal
que se amasa en los Terceros
y en los hornos de Alcalá.

Blanco el alba, monaguillos
vestidos de blanca cal,
de blanco los ves reír...
de blanco la ves llorar
cuando viene en plenitud
despertando el azahar
la Virgen de la Salud.

Blanca es la espuma del mar
de un oleaje de plumas
entrando en un Hospital.
Blancas luces de la noche,
blanca luna de Nissán,
blancas voces de un colegio
que allí le van a rezar;
son los niños de la Salle
que lo ven Resucitar.

El color más sevillano
es el color terciopelo
que se viste de morado
los viernes en San Lorenzo.

Morado el que va Cautivo
más no dejan solo al preso
¿no lo has visto por el Tiro
que lleva detrás su pueblo?

El granate es la Victoria
en su palio plateresco.
Es la Virgen del Refugio
con sus caireles toreros.
Es ver pasar la Amargura
—que va deshecha por dentro—
y que va llorarle a Madre
Angelita en su convento.

Santa Cruz es rojo fuego
en el cartel del Consejo.
El palio rojo de Ojeda,
nostalgia del macareno
como el del Cristo de Burgos
con sus varales de Seco,
y rojo como la sangre
que le provoca un lancero
allí donde en San Martín
tienen título de Imperio.

¡Cuántos colores, Sevilla,
tiene la fiesta del pueblo!

Con el azul de Murillo
Sevilla pintó su cielo.

Azul mirada en Nervión,
pupila de los sedientos.
Azul y plata en la Hiniesta
con todo su Ayuntamiento.
Terno azul del Baratillo
que va manchado de albero.
Y azules tornasolados
en las Aguas del Museo.

El celeste es una espada
que levanta un nazareno.
Es la defensa de un Dogma,
es ver detenido el tiempo
en las losas de Tarifa
por el atrio del Silencio.

Una luz en la Cuaresma
pinta todo de alegría,
es Domingo de la Rosa.
Y, aunque esté de luto el día,
siempre hay una dolorosa
que de rosa va vestida
por los claveles del palio:
Patrocinio, vida mía,
que vas conteniendo el llanto
por el Cachorro, que expira.

Madre de todos los hombres
con San Juan de compañía.

El rosa tiene apellido
en jarras de orfebrería.
Es el rosa Dulce Nombre,
Dulce Nombre de María.

Hay colores imposibles
que no caben en un verso.
Pero, explícame, Sevilla...
¿de qué color son los besos
que le lanzan a su Madre
la chavalería del Cerro?

¿De qué color las pupilas
inspiradas en un preso?
Lágrimas carceleras
pa el Despojado en Molviedro.

¿De qué color es la nube
que va derrochando incienso
delante de Santa Marta
que apenas se ve el misterio?

¿Qué color tiene el esparto
que ciñe a todo el cortejo
de la hermandad del Calvario?
Mira qué Cristo sereno
salió del taller de Ocampo.
¿De qué color es la muerte
que Cristo nos va anunciando?

Los pintores de Sevilla
han resuelto ese dilema.
El color de esta ciudad
solo tiene una receta
y va escrita en el papel
del que lee la Sentencia.

¿De qué color es Sevilla?
La Esperanza es la respuesta
y no hay pintor en el mundo
que pueda clavarla a Ella
ni hay colores suficientes
ni habitan en la paleta
porque el color de Sevilla
no es cosa de este planeta.

Por eso Dios derramó
al amor de sus amores
la gracia de los colores
y es así como nació
ese rostro de sorpresa
que tiene a Sevilla presa.
Pupila de luna llena,
Rosa de oro y azucena,
almíbar de los pinceles
de aquel ojo que Maireles
le pintó a la Macarena.

EL ADVIENTO:
LA MACARENA DE AYER

Aquel ojo que Maireles le pintó a la Macarena le ha robado a la ciudad el sueño de casi cuatro meses. Más de cien días... que no es poco.

Si algo le faltaba a la Esperanza para humanizarse ha sido padecer, como padece su pueblo.

Dijo el Papa Francisco que tener esperanza no es cuestión de edad porque hay ancianos que tienen los ojos llenos de luz. Tampoco la Macarena tiene edad porque después de la restauración de Pedro Manzano ha recuperado la luz de sus ojos. Los de hace cien años del primer besamanos de San Gil.

> En el altar de San Gil
> hace ya más de cien años
> la Virgen de la Esperanza
> nos puso cerca sus manos.
>
> Tan cerca que la ciudad
> fue a besarla con sus labios
> y devolver el amor
> que nos concede Ella a diario.

JOSÉ ANTONIO RODRÍGUEZ BENÍTEZ

Por la iglesia de San Gil
pasaron los hortelanos,
los vecinos de la Feria,
los tenderos del mercado,
su Alteza Doña Esperanza
y las penitas del barrio.

Pero en cien años, Señora,
¿cuántos más habrán pasado?

Pasó Rodríguez Ojeda,
el negro luto del Gallo,
los vecinos de Escoberos,
que en un corral la ocultaron
y la foto del cajón
por un exilio forzado.
Pasó la malla, el tisú,
Esperanza Elena Caro
iluminando con oro
aquel treinta y uno de mayo
el manto de la Señora
coronada bajo palio.

La plata de Marmolejo
en su camarín labrado,
los varales, como juncos,
del taller de Cayetano.

Pasó Gamero y el sueño
que transformó su tocado.
Y el pellizco de la frente
que se inventó Pérez Calvo
cual pirámide de Egipto
pero al modo sevillano.

En el pecho macareno
sigue Garduño regando
la rosa —que no es de encaje—
que es del oro Vaticano
que arrodilla a las legiones
de tó el Imperio Romano.

Pero en cien años, Señora,
¿cuántos más habrán pasado?

La Inmaculada de Grosso,
el azulejo del arco,
el cartel de Juan Miguel,
el Art Decó, los retablos,
las cuatro caras de Cuervo
y las cuatro de Ricardo.
Te pintó Carmen Laffón
que parecía tu llanto
el mismo Guadalquivir
fundiéndose en el Atlántico.

JOSÉ ANTONIO RODRÍGUEZ BENÍTEZ

Las mariquillas toreras
que tiemblan en el tocado,
Juanita Reina, su pelo,
la toca de sobremanto,
el oro de los devotos,
las joyas de Pilar Calvo
que era viuda de Banús
y gloria del mecenazgo.

¿Qué te habrán dicho hasta ahora
desde el primer besamanos?

Rodríguez Buzón, Alberti,
Muñoz y Pabón, Machado,
Quintero, León, Quiroga
y en un balcón la Jurado
cantándote por saetas
con, tan solo, veinte años.

Se va un siglo y viene otro
y nos queda Joaquín Caro.
Yo sé con qué estás más guapa,
como hoy ya estás en el paso:
tus mejillas clareadas,
tus ojos purificados,
la mirada de hace un siglo
de tu primer besamanos.

Por Ella el tiempo no pasa
porque está Pedro Manzano
que le ha devuelto su Madre
a todos los sevillanos.

Te fuiste por cuatro días,
tardaste tanto en volver,
no nos lo vuelvas a hacer.
Que sin ti no hay alegrías
ni hay versos ni poesías,
muchacha de gracia plena.
Lo saben la luna llena
y, también, las mariquillas,
cinco lágrimas que brillan
en tu pecho, Macarena.

No es tu barrio quien te extraña,
te extrañó toda Sevilla
que extrañaba tus mejillas
y el aire de tus pestañas.
¡Ay!, niña de mis entrañas,
Sevilla pierde su brillo
sin la Reina del castillo
y tanto lloró tus penas
que secó las azucenas
que ha perdido el Giraldillo.

EPIFANÍA SEVILLANA: LA ESTRELLA

Entre que nace y que muere
Sevilla tiene dos noches
que son dos noches de Reyes.

S evilla tiene en sus Esperanzas el aliado perfecto para combatir sus males. Es como una bocanada llena de Gracia que entra por San Roque, que se detiene en la mirada romántica de la Trinidad y que atraviesa el arco para entregarse en San Gil.

Si el Adviento, cada año, nos lo trae el vientre de la Esperanza. La Epifanía nos llega a través de la túnica persa del Señor.

Por eso los Reyes Magos entran en Sevilla por San Lorenzo, siguiendo el rastro de una estrella que dejó de ser fugaz la noche en la que decidió quedarse para ser luz de Triana.

¿Te has fijado alguna vez
por qué el señor de las Penas
mira al cielo de Sevilla?
Está buscando una Estrella.

Está buscando en los cielos
una ruta jacobea
que lo lleve desde Flandes
a donde se ha fugado Ella.

JOSÉ ANTONIO RODRÍGUEZ BENÍTEZ

Es el camino de luz
que empieza en la Nochebuena
y termina en el instante
que prende la primavera.

Entre que nace y que muere
Sevilla tiene dos noches
que son dos noches de Reyes.

Esa luz de dos mil años
que cruza los continentes,
ha dibujado un camino
lleno de cuerpos celestes
para venirse a Sevilla
y unir Belén a Occidente.

Y, por eso, cada año
son dos las noches de Reyes.

La que nace en un pesebre,
la que muere en el Calvario.
La que convierte un pañal
en la tela de un sudario.
La de la Estrella de Oriente
que siguen Tres Reyes Magos
y la que es Reina del Puente
cada Domingo de Ramos.

PREGÓN DE LA SEMANA SANTA

Y ahora entiendes ya por qué
hay dos noches en el año
que cuesta coger el sueño
porque vivimos soñando.

Y en las dos, siempre una Estrella
venga Herodes o Pilatos
que pa eso es la más valiente
de todos los sevillanos.

EL DÍA DEL PREGÓN

Hoy, 22 de marzo, es el Día Mundial del Agua.

Los cofrades tenemos una relación difícil con el agua. La hemos sufrido y lo peor es que saca el hombre del tiempo que todos llevamos dentro. Pero el agua es la vida. Y sin agua, no habría naranjos para enmarcarle la muerte al Cristo de las Siete Palabras cuando sale o para perfumar el regreso del palio de las Penas de San Vicente en las mieles de la marcha de Pantión. O para crearle el aroma a la despedida del paso de los Servitas cuando cruza el corazón de naranjos de Santa Isabel.

El agua es esa marisma de luz que David Toro ha estrenado en el pecho de la Virgen del Rocío donde se refleja el brillo de su coronación.

El agua es ese Guadalquivir que sale del costado de un Cristo de Illanes por el que navega la nostalgia de un pasado en San Jacinto. Y en las Aguas me quedo.

De los bordados del último traje de luces que vistió mi padre como matador de toros nació, hace quince años, una saya para la Virgen de Guadalupe.

En un vestido de torero viajan las preocupaciones, los miedos, la incertidumbre y la soledad que padece un torero. Acaso es el mismo miedo, la misma incertidumbre, idéntica soledad la que aflige a la Virgen María camino del Calvario. Esos hilos de oro que ayer pisaban el albero hoy los lleva pegado al vientre la Madre del Cristo de las Aguas, el crucificado que presidió en la Real Maestranza de Caballería la Clausura del Congreso Eucarístico de 1993. Por tanto, la única imagen que ha cruzado a hombros de sus hermanos la Puerta del Príncipe. ¿Tenía o no sentido la donación de aquel vestido?

Cada puntada de ese hilo
suena a timbal y a clarines,
suena a puerta de toriles,
tardes con el alma en vilo.

Ahora yace ese vestido
en el vientre de una saya
porque donde ese oro vaya
también va el miedo adherido.

Mas que nadie se preocupe
que Ella es madre de un torero
que triunfa en el albero,
el niño de Guadalupe.

Porque el Cristo de las Aguas
no tiene miedo a la muerte
que Dios reparte su suerte
y barre siempre pa casa.

PREGÓN DE LA SEMANA SANTA

Que no pierda la esperanza
que volverá a su capilla
como lo sacó Sevilla
a hombros de la Maestranza.

LAS HERMANDADES, UN LUGAR PARA TOD@S

"*O*jos *que no ven, corazón que no siente*".

¿Cómo que no siente?, ¿cómo que no se puede sentir a ciegas?

En la Vera Cruz, cada Cuaresma, decenas de personas ciegas tienen la oportunidad de palpar con sus manos cada palmo del cuerpo roto de su crucificado. Con la yema de sus dedos acarician el sudario, las llagas, los cabellos, el rostro del Cristo más antiguo al que se le reza en Sevilla... Cuando eso sucede... aquellos niños, hombres y mujeres son capaces de ver por la piel, de querer con sus manos. Quizá se pueda ser ciego para ver el amanecer. Nunca se es ciego para amar...

Quiero dirigirme a los jóvenes que están en este teatro, a los que siguen el Pregón desde sus casas, a los que lo verán fragmentado en las redes sociales y a los que, tal vez, dentro de unos años vayan a buscarlo en Youtube. El Papa Francisco invitó a los jóvenes a soñar para que no se volvieran "pensionistas de la vida". Tenemos la obligación de soñar, por algo nacimos en la ciudad de la Esperanza, donde se sueña despierto.

Admiro a esa juventud que es capaz de "hacer lío" como dijo Francisco; de vivir la fe en sus cofradías que es compatible con los nuevos lenguajes que nos acercan a Dios. Desde las redes sociales a la música. Desde Rosalía a Hakuna.

Admiro a esa juventud que llena las facultades, los centros de formación profesional, que aprende idiomas, que maneja la inteligencia artificial. Todo ese talento también está al servicio de las cofradías.

Pero los jóvenes, también tienen muros que derribar. ¿Cómo explicar que uno de los principales problemas de la juventud sea la Salud Mental? También, en esto, la gente joven ha sido valiente para visibilizar un trastorno que afecta, ya, a uno de cada siete.

¿Y qué tiene que ver esto con las cofradías?

Pues que las Hermandades desarrollan una labor social silenciosa que, también, acude a estas llagas.

Nos podemos sentir orgullosos de los cientos de proyectos de caridad que impulsan, como el Centro de Estimulación Precoz del Buen Fin, que esconde tanta belleza como los altares de su priostía.

Pero hay otro tipo de obras sociales que no cuestan dinero. Que las hacemos por pura condición cristiana. Y es lo que, orgullosamente, os quiero explicar:

En el siglo de las comunicaciones, de la era digital, de las redes sociales... en estos tiempos en los que parece que todos nos conocemos y estamos conectados, paradójicamente, es cuando más soledad tiene el ser humano.

En España, dos millones de personas mayores de 65 años viven solas. No digo que la soledad sea mala. Lo que es malo es sentirse solo. Una pandemia que afecta a nuestros mayores y que se cura con afecto.

La Madre Teresa de Calcuta dijo que "la pobreza más terrible es la soledad y el sentimiento de no ser querido".

Por eso las hermandades llevan toda la vida siendo dique para tanta soledad. Porque llenan de alegría la vida de muchos de nuestros mayores. Porque en un templo donde haya una hermandad nadie se debe sentir solo.

No somos conscientes que nuestra mayor obra social no viene del bolsillo sino del propio corazón. Y hablo, expresamente, de la gente joven.

He visto delante de mis ojos como chavales que en sus escuelas, por ser diferentes o por tener algún tipo de discapacidad, les daban de lado y, sin embargo, en sus hermandades, en sus grupos jóvenes, han sido integrados y, lo más importante de toda esta historia, han sido felices.

De esa obra social nunca hablamos porque a las hermandades les sale sola. Lo llevan dentro.

Como el de abrazar a aquellos que en sus casas, en sus entornos familiares no han sido comprendidos por su manera de amar, por su manera de ser y, sin embargo, han encontrado el respeto, la comprensión y la empatía en las hermandades. Y, por cierto, donde muchos de ellos han hallado en las cofradías un lugar donde proyectar sus sensibilidades artísticas… que no es otra cosa que conducirnos a Dios por el camino de la belleza.

Que ninguna persona joven se sienta sola, por el motivo que sea. Las hermandades, también, en esto hacen pedagogía. Y quiero tener un recuerdo para Sandra Peña. Ella era hermana del Cerro del Águila y de San José Obrero. Tenía 14 años y no pudo más. Le faltaron fuerzas para enfrentarse al acoso escolar y al bullyng y se acabó quitando la vida. Aquellos jóvenes que sufren, acudid a vuestras familias pero, también, refugiaros en vuestras hermandades. Nunca os dejarán solos.

ARTE PARA LA VIDA

Desde que en la mañana del Jueves Santo el sol proyecta su letanía de luces sobre las azoteas de la ciudad... hasta que en la noche del Viernes, en la calle Castilla, se apaga el último candelabro de guardabrisa del palio de La O... Entre esos dos momentos bombea el corazón de la Semana Santa.

Entre la cruz de Las Toallas de Los Negritos, la cruz que abraza el cirineo de San Isidoro y la cruz vacía de San Buenaventura... cabe toda la historia del arte.

Itálica le dio pátina de escultura romana a la sobrecogedora figura del Señor de Pasión.

Pedro Roldán abrazó las entrañas del Barroco para dejarnos a Cristo orando en Montesión, al Nazareno de La O estrenando el puente, elevado en la cruz a los cielos de Santa Catalina o a punto de descender en el misterio de la Carretería. Su hija, "La Roldana" fue la primera mujer empoderada de la Semana Santa. Al principio, no le dejaban firmar sus obras, por ser mujer, y hasta los Reyes acabaron claudicando para que fuera Escultora de Cámara.

Entre el Jueves y el Viernes Santo la Virgen de los Ángeles se envuelve en Art Decó; la de la Victoria, en el oro nacido de la piedra plateresca del Cabildo; el Cristo de la Coronación de Espinas, entre los espejos y la rocalla de Gonzalo Bilbao y el Nazareno del Valle estrena todos los años una visión contemporánea de su propio rostro en el paño donde se lo enjuga.

No hay claroscuro de Caravaggio que compita con el tenebrismo de la Mortaja en Doña María Coronel ni una sala del Prado o del Louvre que le haga sombra al descendimiento de la Quinta Angustia.

Porque hay algo que ni Rubens, ni Van der Weyden consiguieron contener en sus obras: Vida propia. Porque en las cofradías, las imágenes superan a la obra de arte desde el instante en el que las humanizamos y canalizamos en ellas nuestras propias emociones. No son obras que se cuelguen de ninguna pared extraña. Ni piezas que a uno le expliquen con una audioguía. Es arte, si. Pero hecho para la vida.

Y así lo debieron entender aquellos catalanes que vinieron a Sevilla a hacer las Américas... y decidieron quedarse para fundar la Hermandad de Montserrat, sevillanizando en su dolorosa a la mismísima Mare de Deu de las cumbres catalanas.

De Montserrat juraron como hermanos los Duques de Montpensier en el Palacio de San Telmo. Allí, Antonio de Orleans y la Infanta María Luisa establecieron una especie de *corte chica* que procuró resucitar en esplendores las fiestas de la ciudad. La Semana Santa se envolvió en un espíritu romántico que la hizo más bella. Solo hay que ver el palio de Montserrat, con su crestería de plata y luciendo bordados de la corona de España y la Casa de Orleans que parecen el argumento de una copla, salidos del pentagrama y la estrofa de Quintero, León y Quiroga.

PREGÓN DE LA SEMANA SANTA

Una dalia cuidaba Sevilla
en el Parque de los Montpensier.

Y parece que fue ayer...
que una Virgen catalana
se hizo clavel de Sevilla
a los pies de la Giralda.

Ella vino de la seda
y de aquellos que soñaban
con llegar al Nuevo Mundo
y, entre jazmines y dalias,
al Palacio de San Telmo
fue a cautivar a una Infanta.

Ella nació entre telares
pero es la más bella dama
que entró, jamás, en Palacio.
Señora de mil batallas
que va vestida de Reina
con rango de soberana;
con castillos y leones,
cruces de Calatrava,
Toisón de Carlos tercero
y flores de lis bordadas.

La Virgen de Montserrat
—Mare de Deu catalana—
vino en galera a Sevilla
y aquí plantó su morada
y, desde entonces, Señora,
el Liceo de la Rambla
es la Plaza de Molvidero
cuando viene de regreso
y Tejera la acompaña.

Desde una antigua abadía,
por sus siglos, milenaria
la Virgen de Montserrat
vino a hacerse sevillana.

Y fue naranjo y azahar,
buganvilla y jacaranda,
madre de los emigrantes
y las casas nobiliarias.
Su palio de crestería
es un palacio de plata;
es el balcón de Sevilla
donde se asoma entre lágrimas

la dolorosa nacida
del vientre de una montaña
que levantó Cataluña
sobre la tierra de España.

UN CALVARIO DE BARRO

La llamaron "La Nueva Roma". La Sevilla de la Puerta de América, la de los galeones en la playa del Arenal, la del oro de las Indias, la de las especias de Magallanes, la que confiaba al Cristo de San Agustín la salvación de sus calamidades, la que levantaba conventos y palacios con el mármol de Itálica.

A aquella Sevilla llegaron desde Florencia los Bucarelli para hacerse hermanos de La Soledad y ponerle el nombre de la Virgen a la Isla Mayor de las Malvinas.

Y nació la Casa de las Dueñas y la Casa de Pilatos y el Palacio de Mañara y la Casa de los Pinelo y el Palacio de Lebrija y la Casa Salinas en cuyos balcones pierde la mirada el Cristo de Santa Cruz en la noche que Zurbarán le pinta cada Martes Santo.

Tanto se creyó Sevilla que era la Nueva Roma que nombró a Pilatos Quinto Prefecto de la Provincia Romana de la Calzá para que, a la vera de las togas blancas de las Hermanitas de los Pobres, nos presentara al Señor en el rostro de mayor ternura salido de las manos de Castillo Lastruccci.

Tanto se lo creyó Sevilla que los plateros del Museo le pidieron a Marcos Cabrera un crucificado como el que Miguel Ángel Buonarroti le había dibujado a su admirada Vittoria Colonna.

Que el Cristo del Museo naciera a partir de un dibujo de Miguel Ángel nos enseña que Sevilla y Roma estaban conectadas por algo más profundo que el aceite de la Bética cuyas ánforas de barro, por cierto, se cocían en los hornos de Triana.

Cuando vas a Roma te cuentan que la ciudad se levantó sobre Siete Colinas. ¿Cuántos habéis oído hablar de la octava? La octava maravilla de las colinas romanas es el "Monte Testaccio", que quiere decir el "Monte de los tiestos". Los romanos reciclaban las ánforas que Andalucía les mandaba cargadas de aceite y de vino. Una vez vaciadas, agrupaban las vasijas que llegaban en barco desde el Guadalquivir hasta el Tíber… apilándolas una encima de otra.

Así hasta construir un monte con 25 millones de ánforas. No me negarán que no tiene poesía el hecho de que en Roma haya un monte fabricado con barro de la cava. Como si al Cachorro le hubieran preparado hace 2000 años un Monte Calvario con la materia prima de los trianeros.

Hace ya unos dos mil años
que en Roma se le esperaba.
Ha tardado dos milenios,
estaba todo el Imperio
aguardando su llegada.

En la Plaza de San Pedro
conocían sus hazañas.
Porque es un Cristo que vence

a una muerte sentenciada.
Superviviente de un fuego
donde pereció entre llamas
la Virgen del Patrocinio;
dolorosa pompeyana,
renacida en las cenizas
entre el Vesubio y la Cava.

En los ojos del Cachorro
cabe la historia Sagrada:
las leyendas de Judea,
la mujer samaritana,
las bodas de Canaá
con aquellas seis tinajas,
todas colmadas de vino
cuando eran, solo, de agua.

En los ojos del Cachorro,
en su pupila entornada
cabe el Imperio de Roma,
Julio César, Cleopatra,
los cristianos perseguidos
por césares y tetrarcas;
los que castigó Nerón
acusándolos de infamia.
Los cristianos escondidos
en catacumbas cavadas,

amanecer de la historia
más bella jamás contada.

Si San Pedro es el inicio
el Cachorro es donde acaba.
Es el fin de los caminos
y de todas las calzadas.
Es el cénit, el olimpo,
la cima que nadie alcanza,
la llave del Paraíso,
coloso de la Esperanza.

Es mármol de las canteras
que se extrae de Carrara.
Y es el Panteón de Agrippa,
las Termas de Caracalla,
y es la Capilla Sixtina
y es la Piedad Vaticana
y es Moisés de Miguel Ángel
y Trevi con su Fontana,
Quirinale de los Reyes,
Soberano de su raza.

El Cachorro es todo eso
y con él se culminaba
toda la historia del arte;
tras el Cachorro, no hay nada.

Qué más quisieran en Roma
haberse puesto la medalla
de haberlo acunao en sus brazos
como Señora Santa Ana.

Que se sepa en el Imperio
que su sangre era gitana.
Que nació entre los geranios
junto al jazmín de una tapia,
que lleva el Guadalquivir
cayéndole por la espalda;
Cáliz de los trianeros,
Emperador de la Cava.
Coliseo de los amores,
cuna, trono, templo, ara...
levantado como el mármol
de la Columna Trajana.
Toda Roma se ha rendido
y hasta le dio un nuevo Papa:
Laoconte del Zurraque
y El Cachorro de Triana.

EL ÚLTIMO PASEÍLLO

De aquella Triana de los alfares, de aquellos gitanos que nos llegaron hace seis siglos tenemos mucho que aprender.

Pensamos con ansiedad en el futuro cuando la vida, a veces, es cuestión de saborear el presente. En eso los gitanos son maestros.

Me recuerda aquella anécdota de Lole y Manuel, ese matrimonio que en los 70 revolucionó el flamenco y que, cuando llegaron los dineros, se fueron a vivir, nada más y nada menos, que al Hotel Alfonso XIII mientras usaban un coche de caballos como medio de transporte habitual.

Manuel Molina ya lo había avisado, cantando aquello de:

> *"Dinero, yo no quiero dinero*
> *yo quiero cantarle al aire*
> *como cantan los jilgueros".*

Vive despacio. En este mundo en el que todo sucede deprisa, a veces, es bueno detenerse. Vivimos acelerados y estamos faltos de temple.

El Señor de la Salud de los Gitanos nos ha enseñado que caminando despacio se llega antes a los sitios. Por lo menos, con más dignidad. Y os digo por qué:

Hay una fotografía que lo demuestra. La hizo, a principios de los 70, Joseph Koudelka, un checoslovaco que buscó una mirada distinta de nuestra Semana Santa, alejada de las idílicas postales que se llevaban los turistas pero que, indudablemente, existía. En la foto en blanco y negro que hizo un Viernes Santo bien entrada la mañana se veía a la cruz de guía de los Gitanos, avanzando a toda prisa por una Avenida de la Constitución sin público, con las sillas de enea recogidas y apiladas en los laterales.

Aquella Madrugá se cerró con un retraso insoportable que padeció los Gitanos como tantas veces, como tantas cosas. El cabildo amagó con cerrarles la Catedral pero un grupo de mujeres se plantó en la Puerta de San Miguel para impedirlo. La foto de Koudelka es desoladora. El cuerpo de nazarenos marchaba por la Avenida pisando los restos de basura de una Sevilla que había decidido no esperar, que ya se había marchado a dormir o a seguir el rastro de las dos Esperanzas.

Nadie miraba a los Gitanos. Por eso, hubo un tiempo en el que se dieron cuenta que en la vida no había que correr tanto. Aunque se cerraran algunas puertas, siempre otras podrían abrirse. Por eso el Señor de los Gitanos camina despacio como los toreros... porque el de esta noche, será el último paseíllo.

> Viene andando desde lejos
> con sus andares gitanos
> y lleva detrás su pueblo
> por seguidillas rezando.
>
> Viene andando desde lejos
> y ves que viene cansado,

qué cerca queda la muerte
caminando hacia el Calvario.

Una voz fundida en bronce,
una voz ronca mandando
le está diciendo al Señor
que camine más despacio.
Que puede esperar la cruz,
pueden esperar los clavos
y que esperen los ladrones
y que esperen los soldados
y que espere el que ejecuta
la sentencia de Pilatos.

Tú ve sin prisas, Señor,
que nadie te marque el paso
que las cosas más hermosas
siempre ocurrieron despacio.

Como los cantes de fragua,
como el vino madurado,
lento como el primer beso
de dos que se enamoraron.

La tarde en Jerusalén
tiene ya el albero echado.
En el patio de cuadrillas
está el Señor cabizbajo.

JOSÉ ANTONIO RODRÍGUEZ BENÍTEZ

Lleva el terno nazareno
de terciopelo morado.
Cuando acabe el paseíllo
todo estará consumado.

Clarines de despedida,
olor a canela y clavo,
romero por los tendidos
en este coso romano
que es la plaza de su reino
y esta tarde hay que bordarlo.

Camina, Señor, camina,
despacio, Manué, despacio.

Como las medias de Curro
con la plaza bocabajo.
Como abría Pepe Luis
el cartucho de pescao.

Tan despacio como el arte
que tiene al mundo chiflado,
camina como Morante
lleva al tiempo toreado.

Lento, Señor, aún más lento...
como desliza en sus manos

el capote Juan Ortega
con los relojes parados.

Tú ve sin prisas, Señor,
como los lances de Aguado
que a tí te llevan los duendes
y esos no saben de horarios.

Viene andando desde lejos
por el camino empedrado
y por más piedras que tenga
viene el Señor caminando
con sus andares flamencos
que viene por tientos tangos.
Con sus andares toreros
de Gitanillo y Cagancho.

Tú, Señor, vas confiado
sin espada y sin muleta.
Llevas dos alguacilillos
abriéndote el paseíllo;
tu cirineo es Zulueta.

Llegó, ya, la hora, Señor,
hay tres cruces en lo alto,
se rasga el velo del templo,
oscurece hasta el ocaso.

83

JOSÉ ANTONIO RODRÍGUEZ BENÍTEZ

Con su mantilla de Angustias
está María esperando,
tiene a Ramón Soto Vargas
sosteniéndole el sudario,
cogido como un capote
pa cuando quieran bajarlo.

Ya están las puertas del cielo
abiertas para sacarlo
mas no hará falta mortaja
¡Cristo ha Resucitado!
y como a aquellos toreros
que toreaban templados
sacan a hombros al Manué
que es el flamenco más santo.
El que sabe que en la vida
es mejor andar despacio.

Que todo puede esperar,
si es más tarde o más temprano,
si, aún, está el azahar
pendiendo de los naranjos
que espere esta amanecía,
la primavera de marzo
que puede pararse el mundo
pa que pasen los Gitanos.

DIOS DE LA PROVINCIA

Hay un concepto universal que nos iguala a los cofrades sin importar el lugar de donde seamos: Es el sentimiento.

Los besos que se le dan al Gran Poder tienen la misma carga de amor que los que en Morón depositan sus vecinos en el Nazareno de la Fuensanta.

Yo vengo de un pueblo. Y os digo una cosa: No ninguneemos a la gente de los pueblos. Porque son depositarios de una historia milenaria, mantienen costumbres desaparecidas en muchos lugares y atesoran un patrimonio que, a veces, en la capital no supimos conservar.

Aquí, en Sevilla, en la tierra de los Tartessos, junto al Carambolo, Cristo florece en la Vera Cruz, como varas de olivos en los campos del Aljarafe.

Sobre la arena de Itálica donde Roma puso gladiadores, el Nazareno de Santiponce recuerda que su cruz pudo con el poder del Imperio. La misma Roma que entregó Carmona, Écija y Osuna a Jesús Nazareno. Nazareno que sobrecoge en Marchena, en los Alcores, en la Algaba o en Utrera.

Cristo resucita en Castilleja de la Cuesta, entre el azúcar y la nostalgia de las tortas de Inés Rosales.

Los pueblos nos han permitido conservar tradiciones ancestrales.

Vayan a ver al Cristo de la Cárcel de Mairena del Alcor o escuchen cómo en Marchena se apuñala la noche con saetas Moleeras a la Soledad.

¿Qué sino el amor hace que en Alcalá del Río compitan en excelencia Vera Cruz y Soledad o que cada mes de mayo se llene de flores la ermita del Castillo de Lebrija?

Hay una Semana Santa que sobrecoge cuando te cruzas con la Soledad de Cantillana, con el Cristo del Confalón de Écija o con el crucificado que Juan de Mesa dejó en Las Cabezas.

Pueblos que, muchos de ellos, llevan la música contenida en su propio nombre: Arahal, Salteras, Olivares, la Puebla o Pilas...

LOS ROSTROS DEL GRAN PODER

Aquí en la capital dicen que San Lorenzo es el pueblo más cercano a Sevilla. Que entre las tapias altas de los Conventos de San Clemente y Santa Rosalía… en esa especie de cardo romano que es la calle Santa Clara, habitan todos los ingredientes de un municipio. San Lorenzo se viste de pueblo y se alimenta en el aceite hirviendo de las croquetas de Casa Ricardo. El barrio y el Señor han crecido a la misma velocidad. Como si la zancada del Gran Poder le marcara el tiempo a sus vecinos.

Ahora, quiero que entremos juntos a la Basílica. Después de besar el talón del Hijo de la Ciudad, al final del pasillo que te devuelve al templo, hay dos inmensas fotografías de Frank Lorca de la cara del Señor. Si afinas la mirada en esas fotos, verás que el rostro del Gran Poder lo componen un mosaico de pequeñas fotografías con la cara de sus hermanos. Los de ahora y los de ayer. 10.000 caras anónimas para formar una sola. Porque en su rostro de Misericordia cabe toda Sevilla.

En el rostro del Señor
cabe todo el universo:
El sol, la luna, los astros…
el frío, la escarcha y el fuego.
Cuaresmas de abril y marzo,

Epifanías de enero,
Pascua florida en sus manos,
el otoño y el invierno...
Caben la risa y el llanto,
el nacimiento y el duelo,
la mañana y el ocaso,
la bofetada y el beso.
Alfa y omega de Dios,
principio y fin de los tiempos.

En el rostro del Señor
hay fotos en blanco y negro
de aquella España emigrante.
Hay andaluces partiendo
con el vapor de los trenes
sin billete de regreso.
Despedidas de estaciones,
viejas maletas de cuero
que guardan en su interior
un equipaje de sueños,
un retrato de familia
y la foto del "Cisquero".

Lleva dentro el Gran Poder
el dolor de sus enfermos,
las mujeres maltratadas,
los pobres y los hambrientos

y los huérfanos de amor
que de eso está el mundo lleno.

En el rostro del Señor
caben millones de textos:
Núñez de Herrera, Laffón,
Chaves Nogales, Izquierdo...
La pluma de Antonio Burgos,
golpe a golpe, verso a verso...
Gran Poder del alfayate
que dejó en su testamento
ser farol de Cruz de Guía,
luna que abre el cortejo.

En la luz de sus pupilas
está Spínola y Fray Diego
y el "beato" Juan de Mesa
que sentó su magisterio.
¡Sé que llamarlo "beato"
puede que sea un exceso!
Mas solo con una gubia
nos fue trazando el trayecto
que nos condujo hasta Dios
por el camino más bello.

Y habitan, también, en Él
aquellos cien macarenos

que desfilan desde el Arco
con el viento en sus plumeros
para rendir los honores
al príncipe de su ejército.
Esa centuria de hombres
que, de Trajano a Tiberio,
Roma entera se arrodilla
que ante el Señor de Sevilla
claudica todo el Imperio.

Sevilla es el Gran Poder
que viene andando a lo lejos,
caminando como un hombre,
erguido como un abeto,
flotando sobre las aguas
de un Guadalquivir de besos
que le dejan sus devotos
tocando el respiradero.

Y así es como la ciudad
lo proclama "Padre Nuestro",
y Gran Señor de Sevilla
y su Hijo Predilecto
al que van todos los viernes
para lanzarle un "te quiero",
la mayor prueba de amor
que es besar en el talón
al Señor de San Lorenzo.

EL "BEATO" JUAN DE MESA

Hay días que el monumento a Juan de Mesa de la Plaza de San Lorenzo ha amanecido con flores, como si fuera un santo.

Si en la historia de la Iglesia se han beatificado a grandes teólogos que han aclarado la idea de Dios; a grandes predicadores que han convertido con su palabra... ¿por qué no Juan de Mesa, que fue capaz de hacer una obra de arte tan completa que hace comprensible a todo el mundo los misterios más profundos de la teología?

Esa reflexión me la hizo un seis de enero Carlos Colón a las puertas de la Basílica pero su autor intelectual es un tal Chicote. Chicote, lejos de ser un estudioso o un académico, era un hombre menudo, con apariencia de pedigüeño que, cada vez que había que mover al Señor, aparecía por la priostía.

Era extremeño. Tenía un pequeño supermercado dentro de su furgoneta en la que iba por los pueblos haciéndole el avío a sus vecinos. Parecía sacado de una novela ejemplar de Cervantes. Pero lejos de la picaresca, a Chicote le caracterizaba un corazón que en su cuerpo, menudo, apenas cabía. Tan generoso era que se quería emparejar con la pobre señora que pedía en la puerta de la Basílica para que a la mujer le quedara, al menos, su pensión y la casa del pueblo. Chicote parecía tener el espíritu de Marcelo Spínola dentro.

Bien pues, ese hombre, sin estudios pero con una sabiduría popular profunda... cada vez que andaba por la Basílica, perseguía a los curas, a los predicadores y, apasionadamente, sobre Juan de Mesa, les decía:

—¡A este hombre hay que beatificarlo!

Todos entendían lo que quería decir. El Gran Poder había dicho una palabra nueva sobre Dios a cada generación, desde hace siglos. Y si grandes teólogos de la Iglesia habían subido a los altares... ¿cómo no el que, con sus manos, le entregó a Sevilla al que todos reconocemos como el Hijo de Dios?

Chicote se fue hace unos años. Cuando había que bajar al Señor, para el besamanos, él, siempre, se colocaba justo donde acaba la rampa. Allí lo esperaba. Desde su ausencia, unos claveles ocupan su lugar. Nadie pisa donde antes hubo tanto amor, tanto cariño, tanta locura como para pensar que aquellas flores que de vez en cuando amanecen a los pies del monumento a Juan de Mesa es porque alguien le debe rezar. Quizá sea la mujer que pedía en la puerta de la Basílica, la que Chicote quería salvar con su muerte. Que, al fin y al cabo, es lo mismo que el Gran Poder hizo por todos nosotros.

Pero Juan de Mesa sigue siendo un misterio que nadie, todavía, ha sido capaz de revelar. ¿Cómo es posible que alguien que murió tan joven fuera capaz de tallar de manera casi simultánea, un catálogo de imágenes tan sobrenaturales como las que salieron de su taller? Del Cristo del Amor al de la Conversión, del Gran Poder al Cristo de la Buena Muerte, del Nazareno de la Rambla al Cristo Yacente.

Pero sobre todo... cómo alguien que es capaz de hacer todo eso la historia, luego, lo borre del mapa. Como si no hubiera existido hasta que en el siglo XX empiezan a aparecer los papeles con su nombre.

Todo empezó en el sudario
del Cristo de la Clemencia.
Un encargo a Montañés,
Mateo Vázquez de Leca.
Una cruz con cuatro clavos
y aquel Dios de la Madera
descubriéndole al barroco
que, también, hay muertes buenas.

Y por eso los Jesuítas
a su discípulo Mesa
le pidieron que emulara
una muerte tan serena...
que acabó dando lecciones
sobre el canon de belleza.
Cristo de los Estudiantes,
Buena Muerte, ciencia cierta.
Con su estampa los alumnos
hoy se forran las carpetas.

Cada Domingo de Ramos
mientras muere nos enseña

que en los pliegues de un sudario
el Amor nunca se pliega.
Un pelícano pellizca
su pecho porque alimenta
la vida que es un regalo
que nos dejaron de herencia.
El Amor es tan grandioso
que con la cruz nos demuestra
que, aun, siendo duro el camino
con amor no hay quien nos venza.

El hombre que esculpió a Dios
¿qué misterio nos encierra?
solo Fernando Carrasco
lo descifró en su novela.

Son sus manos el milagro,
son sus gubias la proeza
que lo talló colosal
entre San Dimas y Gestas.
Cristo de la Conversión,
espejo donde naciera
el rostro del Gran Poder
sobre un pedazo de tela
que sostiene una mujer
venida de Cesarea.

PREGÓN DE LA SEMANA SANTA

Mañana será su entierro.
Después de que lo desciendan
llegará hasta San Gregorio
para un duelo entre tinieblas.
Y, aunque lo veas en la urna,
es su muerte la manera
de decirnos que su amor
vencerá sobre la tierra.

Porque su muerte transciende
lo tangible y la materia.
Porque este Dios nos traspasa
como la espina en la ceja
del Señor del Gran Poder
que su piel no es de madera.
Ya se dijo en este atril,
ya lo dijo aquí un poeta:
"carne de Dios sevillana"
y bendita sean las huellas
que dejaron en su rostro
las manos de Juan de Mesa.

DULCE NOMBRE DE SEVILLA

En la Plaza de San Lorenzo guardo las sombras de mi adolescencia. Aunque ya no huela a café recién hecho en el Sardinero, este barrio sigue untado por la gracia del tiempo. Estas calles vieron jugar a Bécquer, mendigar a Marcelo Spínola, componer a Vicente Gómez Zarzuela, bailar a Realito, esculpir a Ortega Bru o bordar a Esperanza Elena Caro.

En la Parroquia hay un altar que guarda los primeros besos al talón del Gran Poder y que ahora custodia la Virgen del Dulce Nombre.

Allí descubrí cada gubiazo de Castillo en ese misterio que pone de espaldas al Cristo más firme de toda la Semana Santa. El Señor que nos enseña a poner la otra mejilla.

Allí aprendí lo que era una noche de montaje. Me embriagué del olor a limpiaplata. Supe lo que era la intimidad de una priostía. Cuánto me acuerdo de José Manuel Elena, que en el cielo que ahora pisa ya debe haber visto a la Virgen con la claridad con la que, a escondidas, la contemplábamos en el casinillo mientras la peinaba Lolina, la camarera.

Porque la Virgen del Dulce Nombre tiene esa impronta de mujer andaluza, de madre castiza nacida del vientre de Andalucía a la que Bécquer quiere conquistar con sus versos cuando pasa por su casa natal de la calle Conde de Barajas.

JOSÉ ANTONIO RODRÍGUEZ BENÍTEZ

La Virgen del Dulce Nombre
tiene castiza la cara
y por verla de regreso
aquí se dan bofetadas.

Cuando el Martes Santo es noche
y la noche, madrugada
hasta Malco se arrepiente,
esconde su mano hiriente
y entrega aquí la cuchara.

Ella lleva Andalucía
en el fondo de su alma;
Ella es "Sevilla" de Albéniz,
el "Amor Brujo" de Falla,
Julio Romero de Torres
pintándola de gitana.

Un palio regionalista
como la Plaza de España.
El delirio de Farfán
escrito en un pentagrama.
Lerate y Pedro Morales
soñándola en una marcha.

Porque esa Virgen castiza,
la más bella sevillana,

de regreso a San Lorenzo
la espían por las ventanas.

¡Dulce Nombre de María!
cuando pasas por la casa
de aquel poeta andaluz
hasta Bécquer se desata.
Tú vas envuelta en la luz,
él se queda sin palabras
y en tres palabras lo clava
que poesía eres tú.

SOLEARES DE PAKISTÁN

La Semana Santa de Sevilla, como la conocemos, es posible gracias a nuestros artistas.

Si hablo de arte hoy la memoria escoge el camino más corto para herirme porque busco a un hombre de pelo cano y anchas gafas de pasta en la accesoria del Corral de la Corona de la Puerta Osario. Es mi abuelo paterno: Antonio Rodríguez de Torres.

Él tallaba muebles en la fábrica de Loscertales pero, como en su casa apretaba el hambre y eran muchas bocas las que alimentar, por las tardes se dedicaba a tallar pasos para la Semana Santa. Sus gubiazos y su sudor están en el canasto de las Tres Caídas de San Isidoro, en el del Señor de la Victoria del Porvenir o en el barco neobarroco del Cristo de Montserrat. Hubo un paso que él, a solas, talló en aquel Corral de la Corona. La balconada más pronunciada a la que se asomaba Caifás todos los Lunes Santo. El antiguo paso de San Gonzalo que, como tantas cosas, perdió nuestra Semana Santa y ahora disfruta el Nazareno de León.

Después de aquello, ese paso ha sido contemplado por un Papa, Benedicto XVI, en la JMJ de Madrid y, también, se ha paseado por Roma durante la procesión magna del Jubileo de las Cofradías. Ha tenido, al menos, una feliz segunda vida.

Quizá porque en mi casa, el arte es lo que nos ha alimentado, siento un profundo respeto por todos los artistas. Por eso, me duele que,

101

a veces, jueguen con su pan. Y que los que le abren la puerta a ese juego sean, precisamente, gente de nuestras cofradías.

Y les explico: Andalucía ha tenido y tiene los mejores proyectistas del arte sacro del mundo. Artistas cualificados que, con un lápiz, son capaces de soñar cualquier cosa y plasmarlo en un manto, en un palio, en un retablo...

Pero este mundo globalizado que nos ofrece nuevas oportunidades también nos enfrenta a nuevas amenazas. Y una de ellas son los talleres de Pakistán, que plagian la creatividad andaluza, usurpan ilegalmente diseños hechos con nuestro talento y a nuestras mismas hermandades les ofrecen esos productos, ya terminados, a bajo precio y peor calidad.

Claro está, ellos bordan con plástico lo que nosotros hacemos de manera artesanal, en hilo de oro y con unas dosis de amor y sentido de la tradición que no se pueden plagiar. Yo os animo a no caer en las redes de este mercado oscuro de tráfico de enseres plagiados, que atentan contra la propiedad intelectual de nuestros creadores y tiran por tierra a los nuestros.

¿De qué sirve jactarnos de hacer obras sociales, si, por otro lado, ponemos en peligro un sector que lleva siglos creando empleo y dando lo mejor de sí para realzar la belleza y el culto de nuestras imágenes?

¿Qué vamos a enseñar en el futuro en las vitrinas de nuestras casas de hermandad si nos entregamos a talleres de dudosa honorabilidad y nula excelencia? Yo os lo digo, con ironía pero por soleares.

No compréis en Pakistán
que solo hacen malas copias
que no tienen calidad.

No vayas a comparar
un bordado de Sevilla
con otro de Islamabad.

Porque no hay comparación
de cómo borda Solano
en su taller de Morón.

O el oficio de Rosado
que le enseñaron las monjas
de su pueblo astigitano.

No tengáis la tentación
que nuestro arte, de origen,
tiene denominación.

Lo ves en Santa Lucía.
Lleva Grande de León
cosido en el corazón
"Dulce Nombre de María".

Lo demuestra la excelencia
del taller de Santa Bárbara...
no los hay con más paciencia.

JOSÉ ANTONIO RODRÍGUEZ BENÍTEZ

¿Dónde va a encontrar usted
tal magisterio divino?
Charo y Reyes Bernardino
bordando el manto a la Sed.

Qué suerte tiene el sector
que se ha encontrado en "Paquili"
a su Cid Campeador.

Y él... que con todo se atreve
lo mismo le borda al Cerro
que a la Casa de Loewe.

Larga vida al creador
que su talento ha acabado
desfilando en Nueva York.

Y en este arte universal
no hay géneros, ni fronteras
y no hay techos de cristal.

Que aquí van toas por igual.
De Teresa del Castillo
a Eloísa y Patrocinio
con su aguja y su dedal.

Sueñan por el Arenal
y descuentan, ya, los días

que el manto de las Antúnez
vuelva a la Carretería.

Y entre todas las mujeres,
Esperanza Elena Caro,
decana de los talleres.

No juguemos con el pan
de a quienes tanto debemos
y tanto han hecho brillar.

Son historia, identidad;
son el nudo y la madeja
y emblema de esta ciudad.

Que en el arte del bordado
puedan decir los artistas
"Sevilla, nomadejado".

Mira Pareja Obregón
de qué forma más sencilla
este asunto resolvió.

Ya lo dijo en su letrilla
que luego se hizo famosa:
"Sevilla tiene una cosa
que solo tiene Sevilla".

MADRE ANDALUCÍA

Paquili me enseñó a través del Cerro del Águila que el hilo conductor de la vida es el amor. Verán:

El Cerro se levantó con pequeñas casitas de gentes venidas de los pueblos que buscaban trabajo al calor de las obras de la Exposición del 29. Y allí se quedaron sufriendo las inclemencias de la posguerra, lo perdieron todo en la riada del Tamarguillo... pero tenían un último clavo al que agarrarse, el asidero más noble en torno al que construir sus vidas que era la nueva vecina del barrio, la Virgen de los Dolores.

Ella, como sus vecinas, solo estrenaban por Semana Santa o por su santo. Ya saben, cuando hay agujeros en el estómago, lo de menos son los jirones que tenga la ropa.

Por eso, la historia de "Paquili" con la Virgen de los Dolores es una historia de amor. Un chiquillo de aquellas casitas que aprendió a bordar solo y exclusivamente para que su Virgen —que era el reflejo de las madres del Cerro— tuviera las mejores prendas. Cada puntada en el bastidor era como un beso de Paquili a su Virgen.

La declaración de amor que él había hecho con sus manos, la Virgen se lo premió, con el tiempo. Y ya no solo bordaría para el Cerro o para la Semana Santa sino que sus hilos llegaron al fondo de armario de la mismísima Primera Dama de los Estados Unidos. Porque su talento, como el amor a una Madre, no tenía fronteras.

Siendo hermano mayor quiso que la Virgen de los Dolores saliera con el himno de Andalucía. La primera, la única en hacerlo. Quizás porque Andalucía tiene ese rescoldo de madre, como las madres del Cerro.

Hay un poeta peruano, Santos Chocano. Uno de tantos viajeros que vinieron a nuestra tierra a principios del siglo XX que dijo aquello de:

"Es a ti a quien debo, madre Andalucía,
los desbordamientos de mi fantasía
y las marejadas de mi corazón".

Nuestra Andalucía vive cierta eclosión de procesiones magnas y salidas extraordinarias que nos ha dado la conciencia exacta de que, siendo Sevilla el corazón de muchas cosas, tenemos en nuestra Madre Andalucía cientos de razones por las que, como decía el poeta, desbordarnos en la fantasía.

La fantasía de la Málaga que peregrina descalza tras el Cautivo o que pone Roma a los pies de su Esperanza.

La de los palios antequeranos, que retienen el tiempo de las cosas bellas.

La que se desgañita el alma en los cuarteles de Puente Genil.

La que en Jaén le suplica al Abuelo.

La que sube al Sacromonte para que le jaleen los gitanos en la cueva de Curro Albaicín.

La que levanta sus manos en el poniente de Almería para pedir Misericordia al Cristo de la Luz.

La de los tabancos de Jerez, que despacha señorío a granel en el Desconsuelo de una Virgen que lleva por herencia y por derecho el antiguo palio de la Amargura.

La Andalucía que con filigrana cordobesa cose a su vientre el Hijo muerto de la Virgen de las Angustias.

La de la Habana andaluza que le regala besos al Nazareno y entierra a Cristo en urna de plata al borde de la caleta.

La de la Victoria o la Esperanza de Huelva, su Nazareno o la que suelta palomas en el cielo de Hinojos cuando Resucita.

Andalucía es a la Semana Santa, lo que una madre a la mirada de su hijo.

Y ahora, que hablamos de Madres, dejen que recale en las calles donde nació la mía y termine aquí este relato, este Sueño de los Despiertos en el que hemos navegado juntos...

PACO VÉLEZ

No, sin antes, dar las gracias. La Semana Santa que llevo dentro no cabe en un Pregón. Ni en una vida.

Ni podré, jamás, pagar tanto cariño, tanto afecto recibido por parte de las Hermandades que me han agasajado con todo tipo de honores en estos meses. Siento que con algunas me he quedado corto.

Es probable que me deje más cosas atrás que la que os he contado.

Me hubiera gustado seguir el consejo que Manolo Vázquez le dio a mi padre:

"—Niño, las faenas, cortitas. Que con veinte pases, las orejas ya tienen que estar cortás".

Mi faena no ha sido tan corta como hubiera querido pero, a estas alturas, no creo que me echéis, ahora, el toro al corral.

Querido Paco Vélez. Has querido que sea el último pregonero de la Semana Santa de tu mandato.

No voy a olvidar este regalo mientras viva. Tampoco mi familia.

El trabajo de un Presidente del Consejo conlleva renuncias, sacrificios, momentos ingratos pero seguro que, también, te llevas recompensas y dulces recuerdos.

Espero que este Pregón forme parte de lo segundo.

Tú, al contrario que los pregoneros, no has buscado, jamás, el aplauso. Por eso me vas a permitir que sea yo el que lo pida para ti.

TRES CAÍDAS

Creer consiste en no tener la necesidad de ver para pensar que algo existe. La vez que he sentido al Cristo de las Tres Caídas más cerca de mí, ni siquiera podía verlo.

Muchos de ustedes saben por qué lo digo.

Una tarde de octubre de hace nueve años me diagnosticaron un cáncer que había que intervenir con relativa urgencia. Los que habéis pasado por algo así, los que estáis luchando por derrotarlo, sabéis que el mero diagnóstico es un tsunami que te sacude por dentro y te deja absolutamente derrotado.

Ese día, al anochecer, busqué el calor del Cristo de las Tres Caídas. Llevaba algún tiempo retirado del culto. No estaba en la Capilla sino en el estudio de Pedro Manzano. Hasta su puerta llegué. No había ni un alma en la calle. Me senté en la acera, mirando la puerta del taller. Os puedo asegurar que aquella conversación con Él ha sido la más intensa, la más profunda y la más dichosa de cuantas hemos tenido. Y yo, ni siquiera, podía verlo.

Os digo una cosa. Nunca responsabilicé a Cristo de lo malo que me pudiera ocurrir. Ni busqué varitas mágicas en su poder. Sería injusto pensar que los que padecen es por capricho divino. Tan solo pedí serenidad y fuerza y confié mi vida en las manos de la Esperanza. Porque donde mis fuerzas terminaban, comenzaban las de Dios.

JOSÉ ANTONIO RODRÍGUEZ BENÍTEZ

Vine hasta ti derrotado,
como un soldado abatido
que había perdido una guerra,
al borde de un precipicio.

Mira que tú me enseñaste,
que ser los pies de mi Cristo
nos hace, tal vez, valientes,
expuestos a un sacrificio.
Que los que llevan costal
nunca se dan por vencidos.

Vine hasta ti derrotado,
pero tú estabas, ya, herido
y entendí, entonces, Señor,
que tu dolor frente al mío
era mucho más profundo.
Aunque parezca un delirio
entregarse por amor
y amar a tus enemigos.

Vine, Señor, derrotado
y me enseñaste un camino
que era un camino de luz.
A cada uno de sus hijos
Dios nos entrega una cruz
y con esa cruz vivimos:

la derrota en la salud,
la ausencia de un ser querido,
un tren que cruza Adamuz
sin llegar a su destino.

Me has enseñado, Señor,
a fiar mi vida a Cristo.
Puse en tus manos mi vida
porque en ti, mi amor, confío
y si mueres en el suelo
yo, Señor, muero contigo.

LAS MANOS DE LA ESPERANZA

Este marinero en tierra se puso un día en manos de la Esperanza. ¿Se han fijado alguna vez en ellas?

Las manos de la Esperanza de Triana tienen su propio lenguaje. Fue cosa de un vestidor, Fernando Morillo.

Él explicaba que el pañuelo que sostenía con su mano derecha no era para Ella, sino para la gente que lloraba. Por eso, cuando la vestía en San Jacinto, estiraba su mano hasta los confines del mundo, donde hacía falta que llegara la Esperanza.

Mientras tanto, la mano izquierda Fernando la apuntaba al corazón. Era la mano que se señalaba como Esperanza: "Yo soy la Esperanza, toma mi pañuelo".

Ningún teólogo de la Iglesia ha explicado con tanta sencillez un mensaje tan profundo.

Nada es por casualidad. Cuando este pregonero fue nombrado, a las pocas horas comenzaba la Misión de la Esperanza. Ese pañuelo estaba a punto de llegar a los lugares donde más falta hacía:

A los balcones de La Oliva donde se asomaban los nietos de los desterrados.

A los humildes.

 A la homilía del Padre Pedro, el salesiano que se nos fue en diciembre y que nos recordó quiénes eran los preferidos de Dios.

Ese pañuelo que alcanzó el Hospital el día que nació Bosco. Y que llegó a tiempo para el trasplante de médula de Victoria Esperanza. Nada es por casualidad

Porque en su mano tendida
está el consuelo y la calma.
Donde llegue su pañuelo
allí estará la Esperanza.

Y estará donde precise,
siempre está donde hace falta.
No pregunta por tu origen,
no te excluye por tu raza,
no mira tu condición,
ni te juzga por lo que amas
porque todos somos hijos
del vientre de la Esperanza.

Dónde llegue con su mano,
donde alcance su mirada,
donde brillen sus pupilas,
donde Ella fondee su ancla,
donde perfumen sus flores
—aunque estén, ya, marchitadas
porque ya se hayan secado
después de una Madrugada—.

Donde creas que no está
porque ya no quede nada
verás que llega su mano
y te riega con su gracia:

"Vengan las penas del barrio
que ya está aquí su Esperanza".

Por eso debes saber
que, aunque esa telita blanca
se pegue toda la noche
recogiendo las plegarias
hasta que amanezca el día
y el sol se rompa en su cara...

El pañuelo no es de Ella
es del pueblo que la aclama,
que la hizo marinera,
la nombró su Capitana,
salvavidas de su barrio
y Esperanza de Triana.

EL MÁS BELLO EXCESO

Aquí termino. Una vecina de La Oliva, al ver llegar a la Virgen, entre lágrimas, le dijo: "Esperanza, te amo".

Y eso me recuerda a las últimas palabras del Papa Benedicto XVI, en su lecho de muerte. Contaba la enfermera que lo atendió que en su último suspiro le escuchó decir "Signore, ti amo" —"Señor, te amo"—.

Cómo es posible que toda la teología, que todo el pensamiento de uno de los Papas más sabios de los últimos siglos… quede resumido, en su último soplo de vida en un sencillo "te amo". Y todo ese conocimiento y ese bagaje intelectual haya llegado a la misma conclusión que una vecina del Polígono Sur, con una frase espontánea salida del corazón. Será que Dios, al final del camino, con nuestras diferencias, nos iguala a todos.

La Semana Santa que vamos a vivir será eso. Decirle "te amo" a Cristo, "te amo" a María, cada uno en el idioma de sus propias emociones.

Yo, Esperanza, te diré "te amo" en el exceso en el que me enseñaron a quererte.

> Dicen que está la virtud
> justo en el término medio
> pero conozco un lugar
> que hace virtud del exceso.

Y por eso hay una orilla
que tiene hechuras de cielo
donde no rigen las normas,
tampoco se mide el tiempo.

Hay una orilla en el mundo
que conduce a un universo
donde reina la Esperanza:
El Sueño de los Despiertos.

Triana, entera, proclama
la belleza del exceso.
No se hizo pa los cuerdos
este amor que nos desata.
Cuánto amor en este barco
navega entre las dos cavas.

Un amor que se desboca
a las tres de la mañana
en los balcones del Mora.
Es Pureza desbordada
por los piropos de amores,
lo que se oye en los balcones
por toda la calle Larga.

Yo entiendo que, tal vez, digan
que hay exceso en las palabras
y que hay exceso en las flores
y en tantas velas rizadas...

Un exceso las misiones,
un exceso la distancia,
un exceso lo que estrena,
un exceso lo que tarda
desde que cruza el Postigo,
el saludo al Baratilllo
mientras su barrio la aguarda.

Yo entiendo que, tal vez, digan
que este revuelo que se arma
cuando sales bajo palio
o te suben a unas andas...
no es tener término medio:
es locura de Esperanza.

Por ser el más bello exceso
Reina, Madre y Capitana,
Dios te dejó en esta orilla
pa volver loca a Sevilla
habiendo nació en Triana.

ÍNDICE

TEXTOS INSTITUCIONALES

Presidente de Fundación Cajasol 7

Presidente del Consejo General de HH. y CC. 11

Teniente Alcalde Delegado de Fiestas Mayores 13
del Ayuntamiento de Sevilla

PREGÓN DE LA SEMANA SANTA

El Almirante y la Capitana 23

Una carta de amor a Sevilla 29

La infancia y la víspera 35

Los colores de la Semana Santa 41

El Adviento: la Macarena de ayer 49

Espifanía sevillana: la Estrella 55

El día del Pregón 59

Las Hermandades, un lugar para tod@s 63

Arte para la vida 67

Un Calvario de barro 73

El último paseíllo 79

Dios de la Provincia 85

Los rostros del Gran Poder 87

El "beato" Juan de Mesa 91

Dulce Nombre de Sevilla 97

Soleares de Pakistán 101

Madre Andalucía 107

Tres Caídas 113

Las manos de la Esperanza 117

El más bello exceso 121

Este libro del Pregón de la Semana Santa
de Sevilla se terminó de imprimir en
Pinelo. Artes Gráficas el 20 de marzo de 2026,
día en el que comienza la Primavera.